MON CHEMIN VERS L'ISLAM

Au nom d`Allah le très Miséricordieux, le tout Miséricordieux
Les louanges sont à Allah le seigneur des mondes
Ô mon seigneur, prie sur notre prophète Mohammed et accorde-lui ton salut.

@LINSTANT-DIN
LINSTANTDIN.FR

SOMMAIRE

I	Les bienfaits de l'islam	1
II	Les mérites de l'apprentissage	4
III	Les piliers de l'islam et de la foi	6
IV	Les deux témoignages	11
V	La prière	13
VI	L'unicité	24
VII	Suivre et se conformer au prophète (al-ittiba)	26
VIII	Le bon comportement et l'éthique	30
IX	Le rappel et les invocations	34
X	La femme en islam	37
XI	Recommandations	40
XII	Mémo	44

01
CHAPITRE

LES BIENFAITS
DE
L'ISLAM

LES BIENFAITS DE L'ISLAM

Regarde la nature autour de toi et l'espace au-dessus de toi et médite en toi-même sur cela, tu t'apercevras comme les créatures sont si surprenantes et le monde si incroyable. Ce qui ne fait pas de doute est que leur créateur est unique, sans même un associé, sinon leurs organisations en seraient corrompues. Il va de soi, en toute logique, que nous devons nous soumettre à ce créateur et se rapprocher de lui, ainsi que de prendre connaissance de ses enseignements qui regorgent de sagesses et de bienfaits en notre faveur.

L'homme est un être doué de raison, il médite sur ce qu'il est, et ce qu'il y a autour de lui, il se demande alors: "D'où je viens? Pourquoi suis-je là? Et où vais-je?". Comme celui qui embarque avec une personne, il doit savoir où il le conduit, cependant le chemin de la vie est bien plus long et bien plus important.

Tu ne trouveras de réponse convaincante et suffisante si ce n'est dans la religion de l'islam: Elle apprend à l'homme qui est son créateur, lui clarifie la voie qui lui permet de se rapprocher de lui, lui éclaircie son chemin dans cette vie. Ainsi se concrétise le bonheur et la paix intérieure.

L'islam est certes la religion immuablement conservée, donc tout enseignement établi par le prophète, que la prière et le salut d'Allah soient sur lui, est de même inaltérable.
Et ceci est le coran par lequel se distingue l'islam, tu ne trouveras point de livre semblable. L'islam est une conduite de vie complète englobant toutes les affaires de l'homme ainsi que ses intérêts, il incite au travail et à toute science utile. Il recommande uniquement le bien et interdit tout ce qui est mal. Il est simple et facile à pratiquer, il propage la justice et l'amour entre les gens.

Malgré tous les péchés de l'homme avant son islam, lorsqu'il se convertit et se repent de sa vie antérieure, ses péchés lui sont alors effacés comme s'il venait de naître. Pour ce qui est des bonnes actions que l'homme entreprenait avant son islam en vue de se rapprocher de Dieu (comme les aumônes): L'islam les conserve et Allah les accepte. De plus, Allah a privilégié cette religion par rapport aux précédentes par la multiplication des récompenses.

02

CHAPITRE

LES MÉRITES DE L'APPRENTISSAGE

LES MÉRITES DE L'APPRENTISSAGE

Allah, le très haut, ne t'a créé que dans le but
que tu l'adores comme Il dit: " Je n'ai créé les djinns
et les hommes que pour qu'ils m'adorent. Je ne cherche
pas d'eux une subsistance, et je ne veux pas qu'ils me
nourrissent. En vérité, c'est Allah qui est le grand
pourvoyeur, le détenteur de la force, le très ferme."
(Celles qui éparpillent – 56, 57, 58).

Pour que tu adores ton seigneur comme il le
veut, tu dois apprendre l'islam qu'il a légiféré.

Afin que tu répondes à celui qui te demande:
"Pourquoi as-tu choisi l'islam?" tu dois t'initier à
cet islam que tu as embrassé.
Pour que tu donnes envie de cet islam à d'autre que toi, tu dois
l'apprendre et le comprendre au mieux.

Allah t'accorde le succès si tu progresses
dans la science et la compréhension de la religion
d'Allah: Ton prophète, que la prière et le salut
d'Allah soient sur lui, dit: "Celui dont Allah veut du bien, il
l'instruit dans la religion", il te fait également bonne annonce:
"Celui qui emprunte un chemin afin qu'il cherche la science,
Allah lui facilitera le chemin menant au paradis".

03
CHAPITRE

LES PILIERS
DE
L'ISLAM
ET
DE
LA FOI

LES PILIERS DE L'ISLAM

Les devoirs apparents les plus importants de l'islam sont au nombre de cinq:

1. Les deux attestations de la foi (ou témoignages): "asha-hadou an la ilaha illa Allah" (Je témoigne qu'il n'y a pas de divinité adorée sauf Allah) et " asha-hadou anna mouhammada-rassoulou Allah" (je témoigne que Mohammed est l'envoyé d'Allah). Ces deux témoignages représentent la porte principale par laquelle on rentre dans l'islam.

2. La prière: au nombre de cinq comme nous l'avons étudié précédemment.

3. L'impôt rituel (a-zakat): c'est une somme d'argent déterminée que le musulman donne en aumône dans le but de remercier Allah, le très haut, et afin de participer aux œuvres de bienfaisance. L'islam a clarifié quand cela était obligatoire, sa valeur, et à qui de droit il revient.

4. Le jêune (a-sawm): c'est se priver de manger, de boire et d'avoir des rapports sexuels durant la journée pendant le mois de ramadan de chaque année (ce qui correspond au neuvième mois du calendrier lunaire). Il est le mois béni dans lequel a commencé de descendre le coran sur notre prophète Mohammed, que la prière et le salut d'Allah soient sur lui. De par cela, le musulman met en pratique sa soumission et son obéissance aux ordres de son seigneur, exalté soit- il. Il ressent le bienfait d'Allah sur lui, alors il le remercie pour cela. Il éprouve le besoin des pauvres, alors ils les aident.

5. Le pèlerinage (al hajj), c'est le fait d'aller á la kaaba (la mosquée sainte de la Mecque) et d'accomplir des rites particuliers obéissant ainsi à Allah, le glorifiant et se rapprochant de lui, exalté soit-il. Cela se passe dans une période spécifique á partir de la fin de l'année lunaire. Ceci est obligatoire pour tout musulman qui en a les moyens, une fois dans la vie. Là-bas, le musulman rencontre ses frères musulmans venus de contrées différentes de la terre.
Il augmente ainsi sa foi, son assiduité, sa constance et sa force.

LES PILIERS DE LA FOI

Les croyances les plus importantes en islam dont le musulman doit impérativement avoir foi en elles sont au nombre de six:

1. La croyance en Allah: croire qu'il est présent au dessus des cieux et qu'il est le créateur de toutes choses et que toutes choses lui appartiennent. Croire qu'il se passe de toutes choses et qu'il est capable de toutes choses. Croire qu'il est parfait et majestueux dans ses noms, ses attributs et ses actions, qu'il n'a pas de compagne et ni d'enfant, qu'il n'a point non plus de père et que rien ne lui ressemble. Croire qu'il est notre dieu unique et tout ce qui est en dehors de lui ne sont que ses serviteurs.

2. la croyance aux anges: Croire qu'ils ont été créés par Allah, le Très Haut, que se sont de pieux serviteurs, honorés auprès d'Allah. Ils sont très nombreux, ils exécutent beaucoup de tâches dans cet univers sous ordre d'Allah, le Très Haut.
Parmi leurs tâches, le fait de descendre la révélation d'Allah à ses envoyés d'entre les obligatoire pour tout musulman qui en a les moyens, une fois dans la vie. Là-bas, le musulman rencontre ses frères musulmans venus de contrées différentes de la terre. Il augmente ainsi sa foi, son assiduité, sa constance et sa force.

hommes et l'écriture de l'ensemble des œuvres de l'homme.

3. La croyance aux livres révélés: Croire qu'Allah, Le Très Haut, a fait descendre des livres sur quelques uns de ses prophètes afin qu'ils les transmettent aux gens. Ces livres font donc parti de la parole d'Allah. Par exemple: la Thora qui a été descendue sur le prophète Moise, que la paix soit sur lui, et l'évangile qui a été descen u sur le prophète Jésus, que la paix soit sur lui, et le dernier de ses livres: le Coran, lequel a été révélé par Allah par l'intermédiaire de l'ange Gabriel, que la paix soit sur lui, à notre prophète Mohammed, que la prière et le salut d'Allah soient sur lui, il a donc abrogé tous les livres qui lui ont précédés. Nous croyons donc à tous les livres révélés, mais nous n'appliquons que ce que contient le Coran.

4. La croyance aux prophètes: Croire qu'Allah a choisi parmi les humains des hommes, à l'exemple de Noé, Ibrahim, Moïse et Jésus, que la paix soit sur eux, à qui il leur a fait révélation et les a envoyé aux gens afin qu'ils les appellent à son unique adoration. Nous croyons donc à l'ensemble des prophètes mais nous n'appliquons que la législation du dernier des prophètes, Mohammed ibn Abdallah le Quraychite, l'arabe, celui qui a été envoyé de la Mecque à tous les peuples, et ceci après une période de six cent ans de l'avènement de Jésus, que la paix soit sur lui.

5. La croyance au jour dernier: croire qu'Allah, Le Très Haut, ressuscitera tous les gens après leurs morts et qu'il les jugera et les rétribuera. Les croyants qui obéissent à Allah rentreront au paradis, et les mécréants désobéissant à Allah rentreront en enfer. Ceci est la vie éternelle, point de mort après elle. "Seigneur! Accorde nous une belle part ici-bas, et une belle part aussi dans l'au-delà; et protège-nous du châtiment du Feu!".

6. la croyance au destin: Croire qu'Allah a prédestiné et a déterminé toute chose avant son avènement. Toute chose est donc suivant la science d'Allah et suivant sa volonté, même la foi et la mécréance, les catastrophes et les ressources,
la vie et la mort, tout cela advient par son
immense sagesse dont il en est le seul savant.
Toutes choses ont été enregistrées et écrites auprès d'Allah dans un livre, n'advient donc, que ce qui a été déterminé par Allah et écrit. Et de par son immense pouvoir, Allah facilite à l'homme et lui accorde de choisir ce qu'il lui a prédestiné.

04

CHAPITRE

LES
2
TÉMOIGNAGES

LES DEUX TÉMOIGNAGES

"Je témoigne qu'il n'y pas de divinité adorée (méritant l'adoration) sauf Allah et je témoigne que Mohammed est son envoyé" Si tu les prononces (les deux témoignages ou les deux attestations) tout en connaissant leur signification et en y croyant fermement, tu rentreras dans l'islam et même si aucune personne n'est au courant de cela.

La signification de "Il n'y a pas de divinité adorée (méritant l'adoration) sauf Allah": Je crois fermement qu'il n'y a pas d'être adoré à juste droit si ce n'est Allah, car il est le créateur de toutes choses, il n'a pas de père, ni d'enfant et ni d'épouse.
Personne n'est comme lui tant à son entité, ses attributs, sa grandeur et sa perfection.
Tout ce qui est en dehors de lui ne saurait créer, ne possède point la faculté de produire le bien et le mal et ne connaît l'invisible. Personne ne mérite de prosternations, d'invocations et autres formes d'adoration si ce n'est Allah.

La signification de "Mohammed est l'envoyé d'Allah": Je crois fermement que Mohammed ibn Abdallah le Quouraychite, l'arabe, est envoyé par Allah avec une législation et un livre à l'ensemble des gens.
Il est le dernier des prophètes et on doit le croire, le suivre et l'aimer. Il n'est pas valable d'adorer Allah qu'avec ce qui est venu de ce prophète, que la prière et le salut d'Allah soient sur lui.

05
CHAPITRE

LA PRIÈRE

LA PRIÈRE

La prière est constituée d'actes journaliers où la soumission et la louange à notre créateur et notre bienfaiteur y sont extériorisées, afin qu'il nous rapproche de lui et nous récompense de la meilleure manière et pour que nous soyons davantage stables par rapport à l'islam.

Chaque jour, tu exerces cinq prières:
1. La prière de l'aube (fajr): elle est de deux unités (rak`a), elle s'étend de la fin de la nuit et de l'apparition de la lumière de l'aube jusqu'au lever du soleil.
2. La prière de midi (Dhour): elle est de quatre unités, elle commence au moment de l'inclinaison du soleil par rapport à l'est en milieu de journée et finit au milieu du temps qui sépare l'inclinaison et le coucher du soleil.
3. La prière de l'après-midi (asr): elle est de quatre unités et débute dés la fin du temps de la prière de midi et se termine au moment du coucher du soleil.
4. La prière du soir (maghrib): elle est de trois unités son temps est compris entre le coucher du soleil et la fin de l'aurore et le début de l'obscurité totale.
5. La prière de la nuit (i`cha): elle est de quatre unités, débutant au moment où s'achève la prière du soir et finissant au milieu de la nuit.

La prière du vendredi: Il est prescrit á tout musulman de prier le jour du vendredi, á la place de la prière de midi, la prière du vendredi avec les fidèles dans la mosquée. Son nombre d'unité est de deux. Au cas où tu manquerais cette prière avec le groupe de fidèles, tu prieras la prière du midi (Dhour) (de quatre unités).

De plus, il existe des prières dont leurs récompenses sont énormes, tu peux ou ne pas les pratiquer: deux unités de prière avant la prière de l'aube, quatre unités (deux puis deux) avant la prière de midi et deux unités après. Deux unités après la prière du soir, et deux unités après la prière de la nuit. Quatre unités (deux puis deux) après la prière du vendredi. Tu pries après la prière de la nuit une prière dite la prière impaire (witr) (le nombre d'unités minimum pour cette prière: une unité). Lorsque tu rentres dans la mosquée, il est préférable que tu pries deux unités avant de t'asseoir.

La purification :

Lorsque tu veux prier, tu dois être pur, et ceci en respect à la grandeur de ton seigneur, Allah, pour qui tu pries.
La purification est obtenue par les ablutions, en respectant la description contenue dans le verset suivant: "Ô les croyants! Lorsque vous vous levez pour la prière ..."

1. "...lavez vos visages...": cela comprend le lavage de la bouche et du nez (en aspirant l'eau et
la rejetant).
2. "...et vos mains jusqu'aux coudes...": tu te laves tes mains complètement jusqu'aux coudes (coudes compris). Il est préférable de commencer par la main droite puis la main gauche.
3. "...Passez les mains mouillées sur vos têtes...": cela englobe toute la tête et les oreilles.
4. "...et lavez vous les pieds jusqu'aux chevilles...": tu laves tes pieds entièrement jusqu'aux chevilles (chevilles comprises). Il est préférable de commencer par le pied droit puis le
gauche.

L'ordre entre les membres doit être respecté.

Il est obligatoire de se laver tout le corps (Ceci est la grande ablution (laver l'ensemble de son corps), ce qui a précédé est la petite ablution ou l'ablution mineure afin d'accomplir la prière (la petite ablution ne suffisant pas) dans les cas suivants:
1. Les rapports sexuels.
2. L'éjaculation.
3. La fin des menstrues chez la femme.
4. La fin de l'écoulement du sang causé par l'accouchement de la femme.

Dans le cas où l'eau n'est pas présente ou l'impossibilité d'utiliser l'eau (pour certains malades ou autres), alors le tayammoum remplace l'eau: pratique purificatrice qui consiste à battre la terre avec la paume des mains puis se les passer sur le visage puis se frotter la main droite puis la gauche (le dessus des mains).

Lorsque tu t'es purifié, tu n'as pas besoin de renouveler ta purification pour les autres prières, sauf dans le cas ou ta purification est altérée par une des annulations (de l'ablution).

Les annulations de l'ablution: (1) Ce qui sort des deux orifices: comme l'urine, les selles, les pets, le sperme ou le sang.
(2) Les rapports sexuels. (3) Toucher les parties intimes ou l'anus avec la main de manière directe. (4) Perte de connaissance causée par le sommeil, par un coup ou autre. (5) Consommer de la viande de chameau.

L'ablution expie les péchés :

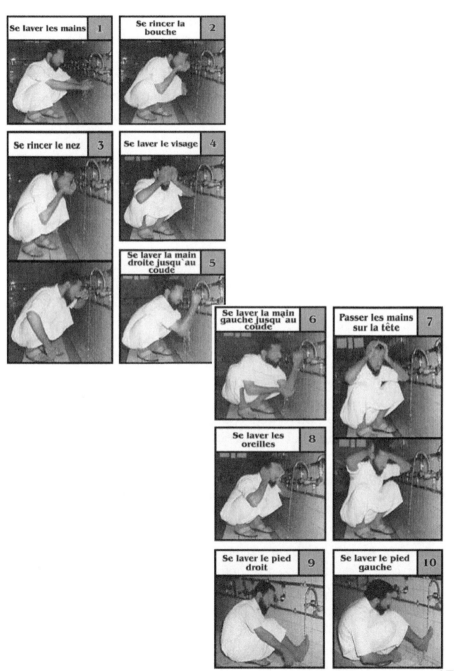

Comment accomplir la prière :

Premièrement: S'assurer que le temps est bien celui qui correspond à la prière en question (comme nous l'avons vu précédemment).

Deuxièmement: S'assurer d'être en état de purification (comme nous l'avons vu préalablement), et qu'il n'y a point de souillures sur ton corps, tes habits et l'endroit où tu pries (comme l'urine ou le sang).

Troisièmement : S'assurer que la partie comprise entre ton nombril et tes genoux soit bien couverte, il n'est pas permis de prier si une chose de cette partie est découverte. La femme, quant à elle, doit recouvrir son corps en entier si ce n'est sa figure et ses deux mains.

Lorsque tu t'apprêtes á prier, dirige-toi en direction de la kaaba qui se trouve à la Mecque, elle est la mosquée bénite qu'Allah a choisi pour le musulman, qui, durant toute sa prière se place en face d'elle. Elle a été construite par Ibrahim et Ismaël, Que la paix soit sur eux, sur ordre d'Allah, le Très Haut.

Mets-toi debout et dis "Allahou akbar" (Allah est le plus grand), le mieux est que tu lèves tes deux mains au niveau de tes épaules, paumes ouvertes et dirigées à l'avant. Ensuite, abaisse-les et place-les sur ta poitrine, la main droite au-dessus de la main gauche. Pose ton regard, durant ta prière, à l'endroit où tu te prosternes. Récite la Fatiha (la sourate de l'ouverture, nous allons l'étudier plus tard). Il est bien que tu récites après elle, ce que tu as appris du coran.

Incline-toi et dis: "Allahou akbar" tout en penchant ton dos de l'avant de façon qu'il soit au même niveau que ta tête. Tes deux mains empoignent tes deux genoux. Dis, en étant incliné "Soubhana rabbiyal-'Adhim" (gloire et pureté á mon seigneur le Très Grand). Il est préférable au moment du takbir (le fait de dire Allahou akbar) d'élever les mains et de les rabaisser comme nous avons vu.

Redresse-toi en disant "sami`a Allah limane hamidah" (Allah a entendu celui qui l`a loué) puis "Rabbana wa lakal-hamd" (notre seigneur, à toi la louange). Il est préférable d'élever les mains et de les rabaisser puis de les placer sur la poitrine
comme nous avons vu.

Prosterne-toi en disant "Allahou akbar". Descend sur tes genoux, puis met en contact ton front et ton nez avec la terre ainsi que la paume de tes mains et tes doigts de pieds et dis: "subhana rabbiyal-A`la" (gloire et pureté à mon seigneur le
Très Haut).

Assois-toi en disant: "Allahou akbar" puis dis (en position assise): "Rabiya ighfirli" (Seigneur pardonne-moi).
Prosterne-toi une deuxième fois en faisant comme précédemment. Ceci constitue une unité de prière complète (Rak`a).
Tu te relèves ensuite en disant: "Allahou akbar", puis récite la sourate de l`ouverture et fais ce que tu as accompli dans l`unité de prière précédente. Lorsque tu as terminé ta deuxième prosternation de ta deuxième unité de prière:
Assois-toi et dis "Allahou akbar" et là récite le tachahhoud (la formule de l`attestation): "At-tahiyyatou lilahi wa assalawatou wa a- tayyibatou" (Les salutations sont pour Allah ainsi
que les bonnes œuvres et les prières). "Assalamou `alayka ayyouh a-nabiyyou wa rahmatou-llahi wa barakatouhou" (Que le salut soit sur toi, Ô prophète, ainsi que la miséricorde
d`Allah et ses bénédictions).
"Assalamou `alayna wa `ala `ibadi-llah- issalihina" (Que le salut soit sur nous et sur les serviteurs vertueux d`Allah).
"ash-hadou an la ilaha illallahi wa ash-adou anna Mouhammadan `abdouhou wa rassoulouhou" (Je témoigne qu`il n`y pas de divinité adorée (méritant l`adoration) sauf Allah et je témoigne que Mohammed est son serviteur et son envoyé).
Allahoumma Salli `ala Mouhammadin wa `ala ali Mouhamadin kama sallayta `ala ibrahim wa `ala ali Ibrahima innaka Hamidoun Madjid" (Ô seigneur, prie sur Mohammed et sur la famille de Mohammed comme tu as prié sur Ibrahim et sur la famille d`Ibrahim, tu es certes digne de louanges et le Très Glorieux).

"wa barik `ala Mouhammadin wa `ala ali Mouhammadin kama barakta `ala Ibrahim wa `ala ali Ibrahim, innaka Hamidoun Madjid" (Ô seigneur, accorde tes bénédictions à Mohammed et à la famille de Mohammed comme tu as accordé tes bénédictions à Ibrahim et à la famille d'Ibrahim, tu es certes digne de louanges et le Tout glorieux).

Salue en tournant (ta tête) vers la droite, en disant: "Assalam `alaykoum wa rahmatoullah" (Que le salut et la miséricorde d'Allah soient sur vous) puis vers la gauche en disant "Assalam `alaykoum wa rahmatoullah".
Par ceci s'achève la prière lorsqu'elle est de deux unités comme la prière de l'aube.

Dans le cas où la prière est de plus de deux unités, relève-toi après la formule d'attestation et avant le salut, en disant "Allahou akbar" puis récite la sourate de l'ouverture, puis incline-toi et accomplis ce que tu as fais dans la première unité.
Si la prière est celle du coucher du soleil, cette troisième unité te suffira, (reste) assis puis prononce la formule d'attestation et salue comme précédemment. Si la prière est celle de midi ou de l'après-midi ou de la nuit, alors tu accomplis la troisième unité puis tu te relèves et tu pries la quatrième unité comme la troisième, tu (restes) ensuite assis et tu prononces la formule d'attestation et tu salues comme préalablement.

L'homme reste assidu dans l'accomplissement de la prière en commun dans la mosquée avec les fidèles afin qu'il bénéficie d'une plus grande récompense. Tu dois suivre celui qui préside la prière (imam) et même si tu ne peux achever ta récitation. Tu ne dois également pas le précéder ou effectuer les mouvements en même temps que lui, mais exécute-les immédiatement après lui.

Si tu n'apprends pas la fatiha dans l'immédiat, alors récite ce que tu es capable et même si cela représente un seul verset. Si tu n'apprends rien du coran ou tu ne connais pas la formule d'attestation ou les autres invocations de la prière, alors dis: "Soubhanallah", "alhamdoulillah", "la illaha illa Allah", "allahou akbar" et "la haoula wa la quouwata illa bi Allah". Dis ce que tu peux de cela.
Ne délaisse pas la prière et même si tu ne sais pas le sens de ce que tu prononces.

Ce qui annule la prière :

Les choses qui annulent ta prière:

1. Le fait de détourner volontairement tout son corps de la direction de la qibla.

2. Les paroles non légiférées, dites délibérément durant la prière. Par contre si tu oublies et ignores que ces paroles sont interdites, alors, dans ce cas, ta prière ne sera pas altérée.

3. Le rire durant la prière.

4. Multiplier les gestes inutiles durant la prière.

5. Manger et boire pendant la prière.

6. Perdre ses ablutions.

7. Découvrir volontairement une partie de la `aoura (partie du corps qui va du nombril jusqu'aux genoux, cette partie doit être obligatoirement recouverte durant la prière).ceci est ce qui concerne la `aoura de l'homme. Pour ce qui est de la `aoura de la femme durant la prière: tout son corps sauf ses mains et son visage dans le cas de l'absence d'étrangers autour d'elle.

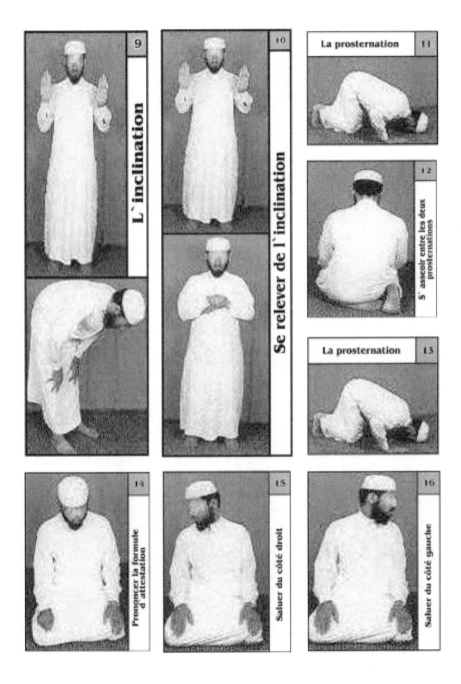

06
CHAPITRE

L'UNICITÉ
(TAWHID)

L'UNICITÉ (TAWHID)

Le point le plus important en islam:
L'unicité d'Allah, Le Très Haut, et la chose la plus ignoble: L'associationnisme (chirk). Le musulman croit qu'Allah est le seul souverain. La création, la pourvoyance, la royauté, la science de l'invisible, donner la vie et la mort et toutes les gérances de l'univers appartiennent à Allah seul, sans qu'il n'a d'associé. Comme il (le musulman) croit qu'il n'y a pas, avec Allah, d'associé dans sa grandeur, il croit également qu'il n'engendre point et n'a pas engendré, et personne ne lui ressemble dans son entité, dans ses attributs, ses actes et ses noms.

Le musulman croit qu'Allah est le seul à mériter l'adoration, par conséquent, il n'est pas permis de se rapprocher, par les prosternations, les sacrifices ou autres (adorations), que d'Allah. Et on n'invoque aucune personne, quelque soit son statut et sa piété, en dehors d'Allah. Il (le musulman) croit que personne ne possède la possibilité de faire du bien ou du mal en dehors d'Allah, que se soit un prophète, un sorcier, un prédicateur, ou bien une augure, un talisman, une étoile ou un mort. Il ne doit pas commettre d'ostentation durant l'accomplissement de son adoration. Il ne doit pas délaisser la loi d'Allah pour une loi différente, ou croire que la loi d'autrui est identique à la sienne. Il ne prête pas serment sur un autre qu'Allah. On ne prénomme personne par un nom indiquant un signe d'adoration en dehors d'Allah, comme abdnabiye
ou abdelhoussein (serviteur du prophète et
serviteur de houssine, ce terme traduit par serviteur, esclave, est uniquement utilisé en préfixe des noms d'Allah comme abdallah ou abdrahman (le serviteur du miséricordieux)

07

CHAPITRE

SUIVRE ET SE CONFORMER AU PROPHÈTE (AL-ITTIBA)

SUIVRE ET SE CONFORMER AU PROPHÈTE (AL-ITTIBA)

Afin que tu sois obéissant à Allah, Le Très Haut, il ne suffit pas que tu te rapproches de lui par l'accomplissement d'adorations, avant cela, tu dois savoir si Allah a bel et bien ordonné de les accomplir. Il est interdit au musulman d'innover des adorations qu'Allah n'a pas légiférées, il doit plutôt apprendre la voie du prophète et la suivre tout en étant satisfait et soumis.

C'est la voie la plus complète et celui qui adore Allah différemment de ce qu'il a légiféré, c'est comme s'il avait accusé l'islam d'imperfection et accusé le prophète, que la prière et le salut d'Allah soient sur lui, de négligence.

Les interdits

Allah est le très sage (Al-Hakim), il n'interdit que ce qui est nuisible pour l'homme.
Il ne fait point de doute que la force de l'islam d'un homme et son amour pour cette religion se manifeste dans le fait qu'il se prive de ce qu'Allah lui a interdit et même si son âme en est passionné. Il fait précéder la satisfaction d'Allah sur les désirs de son âme.

Les grandes interdictions de l'islam:
1. L'associationnisme (comme nous l'avons détaillé).
2. Se moquer d'un des points de l'islam ou le détester.
3. Se mettre en colère d'une chose qu'Allah a prédestiné, ou insulter le temps.
4. Rendre licite ce qui est interdit ou interdire ce qui est licite, converser sur des points de la religion dont on n'a aucune connaissance.
5. L'innovation dans la religion (à l'exemple de l'innovation de la célébration de l'anniversaire de la naissance du prophète, que la prière et le salut d'Allah soient sur lui.

L'innovation de l'extrémisme des chiites dans leur(croyance) par rapport à Ali fils de l'oncle du prophète, que la prière et le salut d'Allah soient sur lui. L'innovation de prononcer tout haut notre Intention au moment d'accomplir la prière).
6. Insulter les compagnons du prophète Mohammed, que la prière et le salut d'Allah soient sur lui.
7. la sorcellerie et la prédication.
8. Ne pas accomplir les prières dans leurs temps (et ne pas accomplir la prière en commun dans la mosquée).
9. Ne pas payer l'impôt rituel (zakat) qui représente une part obligatoire de l'argent(économisé) que l'on donne comme aumône.
10. Ne pas jeûner durant les journées de ramadan sans avoir une excuse justifiée par la loi.
11. Le suicide et le meurtre.
12. La fuite au moment d'affronter les ennemis pendant la guerre.
13. L'adultère, l'homosexualité et la masturbation.
14. Accuser une personne innocente d'avoir commis l'adultère.
15. Consommer les biens de l'orphelin et le maltraiter.
16. Le prêt par intérêt (comme celui qui prête cent euros contre cent vingt euros lors du remboursement).
17. Le pot de vin.
18. Les jeux de hasard.
19. Le vol, le non respect du dépôt de confiance et du dépôt d'argent, ne pas rembourser les dettes et toutes les formes d'escroquerie.
20. Le gaspillage et la dépense des biens dans le mal.
21. L'ingratitude envers les parents.
22. Porter préjudice à la famille et auxproches.
23. Porter atteinte à son voisin.
24. Détériorer les lieux et les biens publics.
25. Commettre injustice dans le verdict lorsd'un procès ou autre, assister l'injuste face àl'opprimé.
26. Torturer les animaux.
27. Apporter un faux témoignage et dissimuler un témoignage.
28. Le mensonge, trahir la promesse et la falsification.
29. La tricherie, la trahison et divulguer les secrets.
30. Envier (son prochain).
31. L'orgueil et le mépris.
32. Critiquer et semer la discorde entre les gens.

33. Les instruments musicaux.
34. Les boissons enivrantes et les drogues.
35. Manger la bête morte, le sang et les impuretés.
36. Manger le porc, le chien, les bêtes féroces et les oiseaux carnivores.
37. Manger ce sur quoi on a prononcé un nom différent de celui d'Allah lors de son égorgement.
38. Adopter un chien sans raison justifiée du point de vue de la législation.
39. Porter l'insigne de la croix et autres emblèmes des religions qui diffèrent de l'islam.
40. Porter de l'or ou de la soie. Porter des habits qui dépassent (en longueur) les chevilles. Tout ceci est interdit pour l'homme et permis pour la femme.

Sache que toutes choses et toutes relations sont permises en islam, ceci est la base, c'est pour cela que l'islam dénombre les interdits, par conséquent tout ce qui n'est pas énuméré est licite.

08

CHAPITRE

LE BON
COMPORTEMENT
ET
L'ETHIQUE

LE BON COMPORTEMENT

L'islam loue tout ce qui est en rapport avec le bon comportement et il le place au même degré que la prière et le jeûne et le rétribue identiquement.

Parmi les comportements loués dont le musulman doit faire preuve:
1. La sincérité.
2. La confiance et la fidélité.
3. La chasteté et la pudeur.
4. La mansuétude et la douceur.
5. L'indulgence et la réforme (des mœurs).
6. La modestie, la clémence, la bienfaisance.
7. La générosité, être de bonne compagnie.
8. La justice.
9. La force, la fierté (d'être musulman et de l'islam) et le courage.
10. La patience.

L'ÉTHIQUE

Le musulman est propre, il aime se parfumer et se faire beau, il maintient ses dents propres à l'aide du siwak7 ou autre. Il taille ses ongles, il se fait circoncire et il prend soin de sa santé, il rase les poils de son pubis, il se taille de prés les moustaches. Il n'imite pas les mécréants et ne coupe pas une partie de ses cheveux et laisse l'autre partie.

Parmi les comportements exemplaires de l'islam:
L'entretien de la propreté des routes, l'observance de sa sécurité et de celle des autres et du calme général.

Le musulman utilise sa main droite pour manger et pour boire et pour donner ou prendre quelque chose et lors des différents contacts qu'il entretient avec les gens. Il commence par ses membres droits lors de l'accomplissement de ses ablutions, petites ou grandes, et lorsqu'il se vêt et même lorsqu'il se peigne ou coupe ses cheveux.
Lorsqu'il rentre dans la mosquée ou dans sa maison, il rentre par le pied droit comme l'a fait le prophète, que la prière et le salut d'Allah soient sur lui.
Lorsque tu veux dormir, allonge-toi sur ton coté droit tout en étant purifié (par la petite ablution).
Dis :"bismillah" (au nom d'Allah) au moment de manger, de boire, de dormir, au moment d'enlever tes vêtements, de monter (sur une monture ou en voiture), lors d'un méfait, avant d'avoir des rapports sexuels, au moment d'égorger, avant de rentrer dans les toilettes, au moment de faire les ablutions, avant de rentrer dans un domicile et d'en sortir, avant de rentrer
dans la mosquée et d'en sortir.
Lorsque tu finis de manger ou de boire dis: "al hamdoulillah" (louange à Allah).
 Lorsque tu éternues dis: "al hamdoulillah", et lorsqu'éternue ton frère musulman et dit: "al hamdoulillah", dis lui: "yarhamoukallah" (Qu'Allah te fasse miséricorde).
Et si toi tu éternues, et ton frère te dis: "yarhamoukallah" répond lui alors: "yahdikallah" (qu'Allah te guide).

Parmi les bonnes manières du musulman:
placer sa main devant la bouche lorsque l'on
baille. Quant il entend le nom du prophète il dit alors: "ŝallallahou `alayhi wa salem" (Que la prière d'Allah soit sur lui ainsi que son salut).
Etre purifié au moment de lire le saint Coran et perfectionner sa récitation. Lorsqu'une personne lit le coran, garde alors le silence.
Va à la prière très tôt et de manière posée, embellis-toi à cette occasion, éloigne-toi de toute mauvaise odeur lorsque tu te rends à la mosquée, ne converse pas d'affaires (business) dans la mosquée, ou de ce qui va dans ce sens. Le jour du vendredi, lave-toi et parfume-toi et garde le silence durant
 le serment.

Le musulman demande la permission avant d'entrer dans la demeure d'autrui ou lorsqu'il utilise leur ustensile.

Lorsque tu rencontres ton frère musulman, serre lui la main en lui souriant, puis dis-lui sans pour autant t'incliner: "assalam `alaykoum" (que la paix soit sur toi). Et quant c'est lui qui te salue, alors répond lui: "wa `alaykoum assalam" (que la paix soit également sur toi). Au moment de vous quitter redis-lui "assalam `alaykoum".

Parmi les bonnes manières islamiques: le fait de présenter ses adieux au voyageur et de présenter ses félicitations lors d'occasions comme le mariage ou la naissance d'un nouveau né.

Rends visite au malade et dis-lui: "la bass tahour in sha Allah" (il n'y pas de mal, espérant que cela te purifiera (de tes péchés) si Allah le veut).

Lorsqu'il arrive un malheur ou qu'une personne proche de toi décède, dis: "inna lillah wa inna ilayhi radji`oune" (Nous sommes à Allah et c'est vers lui que nous revenons).

Honore ton invité et respecte la personne âgée et sois clément envers le petit. Aide le nécessiteux et sois doux envers les animaux.

Pardonne celui qui a commis une faute envers toi et remercie celui qui t'aide ou te conseille en lui disant: "djazaka Allahou kĥayrane"(qu'Allah te récompense).

Parmi le comportement du musulman: la bonne parole, prêter intention lorsque l'on écoute (autrui) et se concerter en cas de besoin.

Ne pas se mettre en colère, et si cela se produit dire alors: "a`oudhou billah mina chaytanirradjim" (Je demande la protection d'Allah contre le diable banni). Ne change pas ton nom pour cause que tu t'es converti à l'islam, sauf dans le cas où ton nom comporte ce qui s'oppose à la religion (comme Abdel Yasou`, c'est à dire le serviteur de Yasou`).

09
CHAPITRE

LE RAPPEL
ET
LES INVOCATIONS

LE RAPPEL ET LES INVOCATIONS

Allah aime ceux qui se rappellent beaucoup de lui et qui l'invoquent et lui demandent pardon.
 Multiplie ta lecture du Coran, même le peu
que tu connais, car il est la parole de ton seigneur,
exalté soit-il.
 Après avoir salué dans ta prière, dis:
"astaghfirallah, astaghfirallah, astaghfirallah" (Je demande pardon à Allah, trois fois), "Allahouma anta assalam wa minka assalam, tabarakta ya dhaldjallali wal-ikram" (Ô Seigneur ! Tu es la paix et la paix vient de toi. Béni sois-tu, Ô Digne de glorification et de magnificence).
Puis si la prière est obligatoire, dis trente trois fois: "soubhanallah, wa alhamdoulillah, wa Allahouakbar" ensuite dis: "la illaha illallah wahdaou la charika lahou, lahou al- moulkou wa lahou al-hamdou, wa houwa `ala koulli chayine qadir" (Il n'y a pas de divinité adorée (méritant l'adoration) sinon Allah, il n'a pas d'associé, à lui la royauté et à lui la louange et il est capable de toute chose). L'un des rappels le plus rétribué, est de dire
cent fois par jour: "la illaha illallah wahdaou la charika lahou, lahou al-moulkou wa lahou al-hamdou, wa houwa `ala koulli chayine qadir".
Prononce cent fois par jour: "soubhanallahi wa bihamdihi" (pureté à Allah (de toute imperfection) et louange à lui).
Parmi les meilleures invocations:
L'invocation suivante qui nous a été enseignée par Allah dans la sourate la vache (verset 201): "Rabbana atina fiddouniya hassanatane wa fi al- akhirati hassanatane wa quina `adhaba annare" "Et il est des gens qui disent: ‹Seigneur! Accorde
nous un bienfait ici-bas, et un bienfait dans l'au-delà; Et protège-nous du châtiment du Feu!›".
 Et dans la sourate "la famille d'imrane" (verset 8 et 16):
"Rabbana la touzigh qouloubana ba`da idh hadaitana
wa hablana min ladounka rahmatan innaka antal-
wahhab"

Seigneur! Ne laisse pas dévier nos coeurs après que Tu nous aies guidés; et accorde-nous Ta miséricorde. C'est Toi, certes, le Grand Donateur!"
"Rabbana innana amanna faghfir lana dhounoubana wa qina `adabannar" ("Ô notre Seigneur, nous avons foi; pardonne-nous donc nos péchés, et protège-nous du châtiment du Feu").

L'invocation que le prophète, Que la prière d'Allah soit sur lui ainsi que son salut, récitait le plus: "ya mouqalliba-l-qouloube thabbit qalbi `ala dinik" ("Ô celui qui dirige les cœurs, affermis mon cœur sur ta religion").

10
CHAPITRE

LA FEMME

LA FEMME

La femme, en islam, est la sœur de l'homme, il ne peut se passer d'elle et elle ne peut se passer de lui.

L'islam incite au respect de la femme et il définit la dote et les dépenses du mariage à la charge de l'homme. L'islam privilégie la mère au père pour ce qui est des droits de piété (la bonté et la bienveillance).

La femme possède le droit d'étudier, d'avoir un salaire, d'être propriétaire, d'hériter, et d'accepter celui qui la demande en mariage ou de le refuser.

La femme, comme l'homme, a été créée pour Allah, elle est appelée à rentrer dans l'islam et à adorer Allah, Le Très-haut, et à éduquer ses enfants suivant l'islam et les bonnes manières. Elle obéit à son mari et lui fait honneur, elle l'aide à faire le bien et à délaisser le mal. Elle est également invitée à prêcher les autres à l'islam et à prêcher le bien.

On applique à la femme ce qu'on applique à l'homme pour ce qui est des adorations, des interdictions et le reste des règles islamiques, sauf ce qui est stipulé par l'islam comme étant propre à l'homme.

L'islam observe la différence de la nature féminine de celle de l'homme et ce dont elle est atteinte comme les menstrues, la grossesse, l'accouchement et ce qui s'ensuit.

La femme musulmane qui est en état de menstrues ou qui vient d'accoucher ne prie pas et ne jeûne pas et il est interdit d'avoir des rapports avec elle. Lorsque le sang des menstrues et de l'accouchement cesse, elle se lave (grande ablution) et rattrape ce qu'elle a manquée (des jours) de jeûne. Par contre, elle ne rattrape pas les prières non accomplies à cause de ses menstrues et de son accouchement.

L'islam protége la chasteté de la femme et il l'abrite du mal de l'adultère, par conséquent, il (l'islam) lui oblige à porter des vêtements qui la cachent et la préservent de la tentation et de la perversité des autres. Il lui est interdit de s'isoler avec un étranger (personne qui n'est pas son mari, et n'est pas de ses proches (personne avec qui il ne lui sera
jamais permis de se marier) comme le fils, le père,le frère, l'oncle paternel et maternel).

Le mariage de la femme musulmane avec un non musulman est interdit.

CHAPITRE 11

RECOMMANDATIONS

RECOMMANDATIONS

L'islam est ce que tu as obtenu de mieux, alors ne néglige pas cette religion et ceci malgré les tentatives des autres à t'écarter de cette religion. Sois fier de ton islam !

N'impute pas à l'islam les erreurs commises par les musulmans car il peut arriver au musulman de commettre une erreur et entraver les enseignements du Coran.

Ton amour pour les musulmans et ton soutien à eux est une preuve de la force de ton islam. Allah, Le Très-Haut dit: "Les musulmans sont uniquement frères entre eux" (Les appartements :10).

Afin que tu t'affermisses dans l'islam, par la volonté d'Allah:
1. Apprends toujours plus sur l'islam et accroîts ta compréhension du Coran.
2. Lis la vie du prophète, de ses compagnons et des imams de l'islam.
3. Sois assidu à accomplir tes prières dans leurs temps respectifs (l'homme est régulier dans l'accomplissement de ses prières à la mosquée et est toujours présent lors de la prière et le sermon du vendredi).
4. Accompagne et assois-toi avec les musulmans pieux.

Persévère dans l'apprentissage de la langue arabe, langue du Coran et du prophète, que la prière et le salut d'Allah soient sur lui, afin que tu comprennes mieux l'islam.

Fais aimer aux autres l'islam:
1. Par ton application de l'islam et Par l'amour que tu éprouves pour cette religion et dans ton empressement à exécuter ses commandements.
2. Par tes bonnes relations avec autrui et par la perfection de ce que tu fais. Insiste sur cela afin que les autres ressentent l'impact de l'islam sur toi.

Tu as la même récompense de celui dont tu as été la cause de sa guidance. Commence par prêcher ta famille et tes amis de la plus belle manière. Offre un livre approprié à qui tu prêches, cela t'aidera dans l'explication que tu donnes (de l'islam). Invoque Allah pour qu'il t'accorde (ce qui est dans ton intérêt) et pour qu'il guide les autres vers l'islam.

Ne réponds pas à une question, concernant l'islam et ses lois, dont tu ignores la réponse. Ne Pose pas de questions, sur ce même sujet, uniquement à ceux dont tu prêtes confiance vis-à-vis de leur science et de leur sincérité.

Ne partage aucune fête religieuse si ce n'est avec les musulmans, car tu es un musulman, c'est toi qui est le seul sur la vérité. Il n'y a pour le musulman que deux fêtes annuelles: la fête du fitr (Le premier jour du dixième mois lunaire) et la fête al-adha (le dixième jour du douzième mois lunaire).

Que ton intention, lorsque tu effectues un noble travail, soit la satisfaction d'Allah et sa récompense.

Demande l'aide d'Allah dans toutes tes affaires et rappelle-toi que tu as continuellement
besoin de lui. Remercie-le pour tout bienfait.

Rappelle-toi toujours qu'Allah te voit et ascience de tous tes actes et de tous tes états et qu'il a tous les pouvoirs sur toi, rien ne le rendimpuissant.

Chaque fois que tu commets une faute,repens-toi à Allah et demande lui pardon. Ne dis pas "mes fautes sont trop nombreuses, mon repentir est alors inutile" car la miséricorde d'Allah est vaste.

Veux-tu réussir? Sois alors patient. La route menant au feu dans l'au-delà est simple, chacun peut y parvenir, alors que le paradis est une marchandise très onéreuse. Il te faut être patient et tu dois contenir les vices de ton âme afin que tu y parviennes (au paradis). Et si une personne t'affronte en te causant tort ou en se moquant de ta religion, alors sache que cela est arrivé aux prophètes et aux pieux d'avant toi. Ils patientèrent pour Allah, Le Très-Haut, et ne firent aucune comparaison entre les préjudices des gens et le châtiment d'Allah.

MEMO

MEMO

MEMO

**Retrouvez tous nos titres sur notre site internet :
linstantdin.fr
ou sur notre boutique AMAZON linstantdin**

Mon hijab ma fierté

Les sourates protectrices en islam

Tafsir et explications al fatiha

L'importance du vendredi en islam

Printed in France by Amazon
Brétigny-sur-Orge, FR

18762740R00030